NIVEAU
1

Dans
la maison bleue

Thierry Gallier

Édition : Rachel Barnes

Illustrations : Hélène Leneveu

Conception et mise en page : Christian Blangez

© 2006, SEJER

ISBN : 978-2-09-031522-6

© 2006, Santillana Educación, S.L.

Torrelaguna, 60 - 28043 Madrid

ISBN : 978-84-294-0919-X

Deviner...

Regarde les illustrations du livre et choisis un des cinq thèmes suivants :

- La police recherche une femme.
- Deux adolescents vont sur une autre planète.
- Deux adolescents rencontrent une femme étrange.
- Un extraterrestre apporte un message sur la Terre.
- Deux adolescents rêvent qu'ils sont des poissons.

Imaginer...

L'histoire que tu vas lire se passe dans une maison bleue. À ton avis, pourquoi la maison est-elle bleue ?

En France...

Trouve dans quel ordre on va dans ces écoles. Ensuite, relie avec le nom correspondant.

a. le lycée •

b. l'école maternelle •

c. le collège •

d. l'université •

e. l'école primaire •

• un étudiant

• un écolier

• un lycéen

• un collégien

Présentation

Nadia :
elle est en 4e ;
elle a un secret.

Quentin :
c'est le copain
de Nadia.

Irène :
elle vit
dans la maison bleue ;
elle tient Boubou
dans ses bras.

Klova :
elle s'occupe
d'Irène.

Chapitre 1

Une étrange découverte

Aujourd'hui, Nadia et Quentin se rencontrent à la porte du collège. Ils sont en 4ᵉ. Ils ne sont pas dans la même classe mais ils sont copains. Les cours de la journée sont finis. Il fait beau et ils décident de se promener tous les deux.

– J'ai un secret. Tu veux le connaître ? demande Nadia.

– Bien sûr !

– Mais toi, qu'est-ce que tu me dis en échange ?

– Si ton secret est intéressant, après je vais te dire un secret, moi aussi.

– Bon, alors on y va !

Ils marchent vers le parc, ils le traversent et arrivent dans une petite rue avec de beaux immeubles. Nadia s'arrête devant une porte et elle regarde l'heure.

en échange : quand on donne pour recevoir. *Il a donné de l'argent en échange de son silence.*

si : expression de condition. *Si tu es gentil, tu as un cadeau.*

– Tu vois cette porte ? À cinq heures, elle va s'ouvrir et tu vas découvrir mon secret.

Quentin lui demande des explications mais elle ne veut rien dire de plus. Ils traversent la rue et regardent l'entrée de l'immeuble.

Cinq minutes plus tard, la porte s'ouvre. Une petite femme rousse sort de l'immeuble. Derrière la porte, Quentin voit une autre porte. Il a juste le temps de voir, derrière cette seconde porte, une magnifique maison bleue au milieu des fleurs. Il voit cette maison une ou deux secondes seulement. Ensuite, les portes se ferment et l'immeuble reprend son aspect normal.

Nadia voit que Quentin est surpris et elle accepte de lui donner une explication :

– Je passe tous les jours devant cet immeuble. Cette femme sort toujours à la même heure.

– Elle habite dans cette maison bleue ?

– Je ne sais pas. C'est possible.

– Qu'est-ce qui se passe dans cette maison ? Pourquoi elle est cachée ? Je veux savoir !

– Comment faire ?

– C'est facile. On entre dans l'immeuble.

– On ne peut pas. Il y a un code.

sortir : aller dehors. *Quand la leçon est finie, les élèves sortent de la classe.*

un code : série de chiffres et de lettres à connaître ; système de sécurité habituel en France (regarder le dessin page 19). *Pour entrer dans cet immeuble, il faut connaître le code.*

Il a juste le temps de voir, derrière cette seconde porte,
une magnifique maison bleue au milieu des fleurs.

— Tu sais à quelle heure la femme revient ?

— Je n'en sais rien.

— Alors, on va attendre. Quand elle arrive, on passe derrière elle et on entre.

— Mais ce n'est pas bien d'entrer dans les maisons. C'est dangereux ! Si un voisin nous voit, il va penser qu'on est des voleurs. Il va appeler la police. Et dans cette maison, il y a peut-être des habitants qui ne sont pas gentils.

— Oui, des sorciers et des sorcières, des rhinocéros fous…

— Toi, tu es fou !

— Et toi, tu as beaucoup d'imagination. Bon, si on nous demande quelque chose, on peut dire qu'on cherche un camarade du collège et qu'on doit lui donner un cahier. D'accord ?

— Moi, je déteste mentir.

— Alors, c'est moi qui vais parler.

— Tu es vraiment fou !

— Ça, ce n'est pas un secret…

Ils voient un banc à côté de l'immeuble. Ils s'assoient sur le banc et ils commencent à parler du collège et de leurs copains. Ils comparent les garçons et les filles qu'ils

---

dangereux : qui peut faire mal ou causer des problèmes. *C'est dangereux de jouer avec le feu.*

Ils s'assoient sur le banc et ils commencent à parler.

trouvent beaux et sympas. Ils comparent aussi leurs matières préférées. Quentin adore le sport, et en particulier la natation. Il aime aussi les maths et les ordinateurs. Nadia préfère les langues et l'histoire. Ils aiment tous les deux le prof de gym parce qu'il fait rire les élèves. Ils ont beaucoup de choses à se dire et ils ne voient pas le temps passer. Ils parlent mais ils regardent aussi la porte de l'immeuble. Tout à coup, ils voient la petite femme rousse revenir. Elle vient des magasins et elle a des sacs dans les mains.

Les deux collégiens se lèvent et marchent derrière la dame. Elle s'arrête devant la porte pour faire le code et ils attendent à deux mètres derrière elle. La femme entre dans l'immeuble. La porte commence à se fermer mais Quentin la bloque. Il regarde à l'intérieur et voit la femme qui ouvre la seconde porte. Il fait un signe de la main à Nadia pour lui dire qu'ils peuvent entrer. La femme passe maintenant la porte. Quentin va à la deuxième porte et la bloque aussi. Il attend un peu et regarde derrière la porte. Il ne voit plus la femme. Il fait signe à Nadia de venir. Elle hésite un instant, mais il n'y a pas de temps à perdre. Ils entrent tous les deux. Ils s'arrêtent à côté du mur.

Ils ouvrent alors grand leurs yeux et regardent la mystérieuse maison bleue qui est devant eux.

1. Trouve le nom du personnage correspondant à la phrase.

a. C'est un garçon, il est en 4e. ....

b. C'est une fille, elle a un secret. ....

c. Elle sort toujours à cinq heures pour aller au magasin. ....

d. Il aime la natation, les maths et les ordinateurs. ....

e. Elle aime l'histoire et les langues. ....

f. Elle fait un code pour entrer dans l'immeuble. ....

2. Choisis la bonne réponse.

a. Qu'est-ce que Nadia et Quentin veulent échanger ?
un secret – une montre – un livre

b. Quel est le secret de Nadia ?
un animal bizarre – une invention – une maison cachée

c. Comment est-ce que Nadia et Quentin entrent dans l'immeuble mystérieux ?
ils entrent derrière une dame – ils appellent la police – ils parlent aux voisins

3. Remets dans l'ordre les phrases de ce résumé.

a. Nadia et Quentin parlent de leurs copains devant l'immeuble.

b. La dame rousse revient.

c. Nadia et Quentin se rencontrent à la porte du collège.

d. La dame rousse entre dans l'immeuble.

e. Nadia montre un immeuble à Quentin.

f. À cinq heures, une dame rousse sort de l'immeuble.

g. Nadia et Quentin voient la belle maison bleue.

h. Nadia et Quentin entrent dans l'immeuble.

i. Quentin retient la porte de l'immeuble.

Ils sont accroupis à côté d'une fenêtre.

Chapitre 2

Une rencontre

La maison est magnifique. Elle est grande, avec de jolies fenêtres et une terrasse. Sur les murs, il y a des mosaïques avec différentes nuances de bleu. Sur la terrasse, les fleurs aussi sont bleues. Le résultat est original mais très beau. Nadia et Quentin ne font pas un mouvement. Leur cœur bat très vite. Ils entendent alors une femme qui chante. Les notes sont très hautes. Ils entendent aussi un instrument de musique, une sorte de harpe.

En silence, les deux jeunes s'approchent de la maison. Ils sont derrière un jacaranda, un arbre aux fleurs bleues. Ils entendent très bien la chanson. La femme chante dans une langue étrangère. C'est une langue très différente, qui ne ressemble pas du tout aux langues qu'ils ont l'habitude d'entendre.

Ils sont accroupis à côté d'une fenêtre. La petite femme rousse est dans la cuisine. Ils la voient de dos. Elle met ses achats dans le placard. Au premier étage, la dame s'arrête de chanter et elle appelle :

leur cœur bat (battre) très vite : ils ont des palpitations à cause de l'émotion.

– Klova !

La femme dans la cuisine répond :

– Oui, Madame ?

– Le thé est prêt ?

– Tout de suite, Madame.

Klova prépare le thé. Nadia et Quentin montent les marches et sont maintenant accroupis sur la terrasse. Ils vont à côté d'une fenêtre et regardent.

La dame qui chante est là, dans un grand salon. Il y a beaucoup de meubles anciens, de tableaux, d'objets décoratifs, de belles lampes. Tout est bleu. La femme est assise dans un fauteuil. Elle porte une robe vaporeuse. Ils voient ses bras. Sa peau est blanche comme de la neige. La forme de la harpe qui est à côté d'elle est originale. Un animal étrange et laid, une sorte d'iguane, est aux pieds de la dame.

L'animal lève les oreilles. Il sent la présence des deux jeunes. Tout à coup, il va sur la terrasse et s'arrête devant eux. Ils ont très peur et ils restent immobiles. L'animal a de longues griffes, et il n'est pas content. Nadia a peur

---

une marche : un escalier est constitué de marches. *Il faut monter 1 710 marches pour arriver en haut de la tour Eiffel par l'escalier.*

une robe : vêtement de femme qui couvre le haut et le bas du corps. *Elle s'est mariée en robe blanche.*

une griffe : ongle de certains animaux. *Le chat est furieux et il sort ses griffes pour attaquer.*

La dame qui chante est là, dans un grand salon.

qu'il saute sur elle. Elle veut courir mais elle glisse, elle tombe dans l'escalier et elle perd connaissance.

La dame appelle l'animal :

– Boubou, qu'est-ce qui se passe ?

L'iguane est dehors et ne rentre pas dans le salon. La dame se lève et vient voir sur la terrasse. Elle voit alors les deux jeunes et elle crie :

– Ah ! mais, qui êtes-vous ? Qu'est-ce que vous faites ici, dans ma maison ? Klova ! Klova ! Viens voir !

perdre connaissance : être inconscient(e), s'évanouir. *Quand il fait trop chaud ou qu'elle n'a pas mangé, elle perd connaissance.*

Nadia est allongée dans l'escalier, sans connaissance, et Quentin est accroupi à côté d'elle. Elle respire mais il est inquiet. Il se lève. La dame l'observe et puis cache son visage avec ses mains.

– Ah, toutes ces couleurs ! Vous voulez me tuer !

Elle dit ensuite des choses impossibles à comprendre. Elle n'est vraiment pas contente. Elle rentre dans le salon et elle appelle l'animal, qui vient à côté d'elle. Klova arrive à ce moment-là. Elle regarde les deux jeunes. Elle voit qu'ils ont peur et qu'ils ne sont pas dangereux, mais elle ne comprend pas comment ces deux jeunes inconnus sont entrés dans la maison.

– Qui êtes-vous ?

Quentin veut répondre, mais il est paralysé par l'émotion et il ne peut pas parler. Elle regarde Nadia et elle dit :

– Ce n'est pas grave mais il faut la réveiller. Vous habitez où ?

Quentin peut parler, maintenant.

– On habite dans le quartier.

– Comment vous êtes entrés ici ?

– Par la porte, on est passés derrière vous.

– Petits monstres !

– Nous ne voulons pas vous faire de mal. Nous sommes

■ faire du mal : causer des problèmes, provoquer de la douleur.

ici juste par curiosité, pour voir cette belle maison bleue.

Il entend alors la dame à l'intérieur. Elle parle à Klova. Elles parlent un moment. Puis Klova dit à Quentin :

– Madame veut vous voir. Entrez !

Sa main indique le salon. Quentin et Klova prennent Nadia par les bras et les jambes. Ils entrent dans la maison bleue.

Nadia est allongée dans l'escalier, sans connaissance, et Quentin est accroupi à côté d'elle.

COMPRENDRE

1. Fais une croix pour indiquer le personnage qui correspond à la phrase.

	Nadia	Quentin	Klova	la dame du salon	Boubou
a. Elle chante.					
b. Elle prépare le thé.					
c. Il est laid.					
d. Elle porte une robe bleue.					
e. Il a des griffes.					
f. Elle tombe dans l'escalier.					
g. Il est inquiet.					

2. Choisis la bonne réponse.

a. Les collégiens entendent une femme qui *cuisine – joue du piano – chante.*

b. La femme dans la cuisine doit *préparer le thé – sortir faire un achat – jouer de la harpe.*

c. Dans le grand salon, il y a *beaucoup d'animaux bizarres – des objets modernes – des meubles anciens.*

d. L'iguane sent la présence des deux jeunes et il va *aux pieds de sa maîtresse – dans la cuisine – sur la terrasse.*

e. Nadia a peur et *elle tombe dans l'escalier – appelle ses parents – est paralysée.*

Chapitre 3

La pierre multicolore

La dame est à nouveau assise dans son grand fauteuil. Elle a sur la tête un grand voile bleu transparent qui couvre ses bras. À côté d'elle, Nadia est allongée sur un canapé. Elle est très blanche mais elle est réveillée. Quentin est assis sur une chaise. L'iguane, aux pieds de la dame, est tranquille. Il observe silencieusement, peut-être prêt à attaquer, en cas de danger. La dame observe les deux adolescents. Elle leur pose des questions sur leur nom, leur âge, leur collège, leurs parents. Finalement, elle leur dit :

– Je pense que vous n'êtes pas méchants, juste un peu trop curieux…

Et elle rit. Les deux adolescents sont plus tranquilles. L'iguane vient à côté d'eux. Maintenant, il est gentil.

prêt à : disposé à. *Je suis prêt à partir.*
méchant : qui fait du mal. *Attention, chien méchant !*

– Vous voyez, je n'ai pas de visites, alors je suis contente de parler avec des jeunes. Vous allez prendre le thé avec moi.

Elle fait un signe de tête à Klova pour le thé.

Ils commencent à parler de la dame et de sa vie. Elle leur montre des objets étranges de son salon.

– Ce sont des cadeaux de mon père, qui est un homme très… original. Par exemple, voici une machine qui peut lire un livre ou un journal. C'est très pratique, en particulier quand on est très jeune ou très vieux et qu'on a des problèmes pour voir ou pour lire. Elle peut aussi traduire dans la langue de votre choix.

Nadia regarde la machine avec intérêt et dit :

– Il y a des lecteurs comme ça dans quelques bibliothèques très modernes, mais ce lecteur est déjà ancien, c'est étrange ! Il vient d'où ?

– De chez mon père…

– Il habite un pays étranger ?

– Il habite très loin d'ici.

– En Afrique ? essaye Quentin.

– Non, bien plus loin encore.

– En Australie ? continue Nadia.

– Je ne peux pas vous dire ça maintenant, je dois vous connaître plus pour savoir si je peux vous dire ce secret…

montrer : indiquer, faire voir. *Les passagers doivent montrer leur passeport à la police.*

un cadeau : quelque chose qu'on offre. *À Noël, on offre des cadeaux.*

Vous allez prendre le thé avec moi.

– Madame, nous savons garder un secret, et nous ne voulons pas vous causer de problèmes.

– Alors, je vous fais une proposition. Prenez cette pierre. Elle est très spéciale : elle change de couleur avec le temps qu'il fait. C'est aussi un cadeau de mon père. Elle a une très grande valeur. Ces pierres sont très rares sur Terre.

Elle regarde la pierre, qui est bleu clair, et elle part dans ses souvenirs. Elle pense probablement à des personnes qui sont très loin. Elle est un peu triste.

À ce moment-là, Klova arrive avec le thé. La dame sort de ses pensées. Elle pose la pierre dans une jolie petite boîte. Elle donne la boîte à Nadia et lui dit :

– Si vous revenez avec la pierre, ça veut dire que pour vous, notre amitié est plus importante que cette pierre. Ensuite, vous allez connaître toute mon histoire.

Ils prennent le thé et continuent à parler. Après un moment, Nadia dit :

– Nos parents doivent se demander où nous sommes…

– Oui, bien sûr, ils sont sûrement inquiets. Vous allez rentrer chez vous, maintenant.

Les deux adolescents se lèvent. Klova est sur la terrasse et elle va avec eux jusqu'à la porte qui donne accès au couloir et à la rue. Elle leur explique :

– Madame n'a pas d'enfants. Elle est contente de parler avec vous. Vous savez, en général, elle ne sort pas. C'est trop compliqué pour elle de sortir.

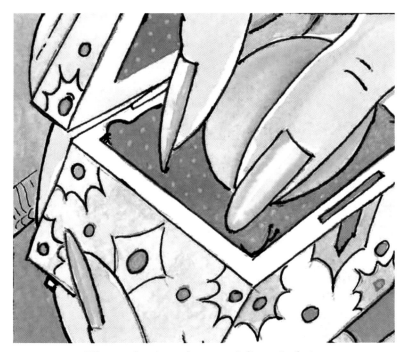

Elle pose la pierre dans une jolie petite boîte.

– En fait, cette belle maison est une sorte de prison pour elle, dit Nadia.

Klova la regarde tristement. Elle ne répond pas. Ils sont maintenant devant la première porte. Elle l'ouvre et ils passent tous les trois. Avant d'ouvrir la porte qui donne sur la rue, ils se mettent d'accord : quand les deux jeunes veulent revenir chez la dame, ils attendent Klova dans la rue, devant cette porte, à l'heure habituelle.

Ils se disent au revoir et Klova ouvre la porte.

une prison : bâtiment où sont enfermés les criminels, les voleurs…
Le juge l'a condamné à 18 mois de prison.

Quand ils sont à nouveau dehors, Nadia touche la boîte qui est dans son sac. C'est la seule chose qui lui rappelle qu'elle ne sort pas d'un rêve. Ils rentrent directement chez eux. Leurs parents sont contents de les voir. Après le dîner, Nadia et Quentin s'appellent sur leur portable pour reparler de leur visite dans la maison bleue. Ils ont maintenant un énorme secret en commun. Quentin demande :

– Tu as toujours la pierre ?

– Bien sûr !

– Elle a la même couleur ?

– Oui, toujours bleu clair.

– Il fait le même temps, alors. Avec une pierre comme ça, on peut être experts en météo !

– C'est vrai.

– Demain, on retourne chez la dame ?

– Oui, je veux absolument connaître toute son histoire.

– Attention ! Ce n'est pas le moment de perdre la pierre !

– Ne t'inquiète pas, elle est dans ma chambre.

Avant de dormir, Nadia veut regarder la pierre une dernière fois. Elle prend la boîte et l'ouvre. La boîte est vide. Nadia a l'impression que son cœur s'arrête.

> **un (téléphone) portable** : téléphone mobile, qu'on peut mettre dans sa poche. *Le professeur ne veut pas de portables dans sa salle de classe.*
> **un rêve** : quand on dort, on voit des images, une histoire. *Je me rappelle mon dernier rêve.*
> **la météo(rologie)** : elle dit le temps qu'il va faire. *Quelle est la météo de ce week-end ?*

1. Remets dans l'ordre les phrases de ce résumé.

a. Nadia et Quentin prennent le thé avec la dame.

b. Les deux jeunes rentrent chez eux.

c. Elle leur donne une pierre qui change de couleur.

d. La dame pose des questions aux deux collégiens.

e. Elle leur apprend que son père vient de très loin.

f. La pierre n'est plus dans sa boîte.

g. Elle montre des objets de son salon.

h. Elle pense qu'ils ne sont pas méchants.

i. Nadia veut voir la pierre avant de s'endormir.

2. Vrai ou faux ?   V   F

a. Sur la tête, la dame porte un chapeau.   ☐   ☐

b. Quand la dame pense à ses parents, elle est triste. ☐   ☐

c. Elle pose la pierre précieuse dans un vase.   ☐   ☐

d. Les deux jeunes sortent de la maison bleue
et ils vont à la bibliothèque.   ☐   ☐

3. Complète les phrases avec :
vient, cadeaux, enfants, loin, sort.

a. La dame n'a pas d' .... et elle ne .... pas de sa maison.

b. Le père de la dame .... de très ....

c. Il y a beaucoup de .... de son père dans la maison.

Elle prend la boîte et l'ouvre. La boîte est vide.

Chapitre 4

L'histoire d'Irène

Nadia va dans la chambre de son petit frère. Il est sur le tapis et il joue avec la pierre. « Tu es un méchant petit voleur ! » lui dit-elle. Elle joue un moment avec lui, mais elle est fatiguée et elle retourne dans son lit. Elle pose la pierre dans la boîte et elle met la boîte sous son oreiller.

Le lendemain, Nadia et Quentin ont l'impression que les cours sont très longs. L'après-midi, ils sortent du collège et ils attendent Klova devant la porte de l'immeuble. Quand elle arrive, la petite femme rousse fait entrer les collégiens et elle leur dit :

– Vous êtes déjà là !

– Oui, nous sommes impatients de revoir la dame.

– Vous avez la pierre ?

– Oui, la voici.

Klova observe la pierre. Elle voit la couleur et elle sourit.

---

un oreiller : dans le lit, on pose sa tête sur un oreiller pour dormir.

sourire : on sourit quand on est content. *Je prends une photo, souriez !*

– C'est bien, dit-elle. Venez avec moi, nous allons voir Madame.

Ils traversent le couloir, passent la deuxième porte, montent les marches de la terrasse et entrent dans le salon. La dame vient vers eux.

– Bonjour, les enfants. Je suis contente de vous revoir déjà.

Nadia lui donne la pierre. La dame la regarde et sourit aussi.

– Elle est bien claire. C'est parfait. En réalité, sa couleur ne change pas avec le temps mais avec les sentiments de la personne qui la porte. Si la personne a des sentiments purs, la pierre est claire. Sinon, elle devient foncée. Encore un de mes petits secrets…

Les deux collégiens rient. La dame dit ensuite à Klova :

– Merci Klova, tu peux aller dans les magasins, maintenant.

La dame montre les fauteuils et dit :

– Asseyez-vous !

L'iguane passe à côté de leurs jambes et il va s'allonger aux pieds de la dame. Elle porte toujours le voile sur sa tête. Elle commence à parler.

– Si nous voulons être amis, vous devez savoir qui je suis exactement. Je pense que vous êtes surpris par toutes

foncé(e) : le contraire de « clair(e) ». *Le jaune est clair, le noir est foncé.*

les choses que vous voyez ici et vous vous posez des questions. C'est bien normal.

Sur une petite table à côté d'elle, la dame prend une photo et elle la montre aux deux jeunes.

– Voici mes parents.

Sa mère est une belle femme avec de longs cheveux bruns. Le père, lui, n'a pas un aspect habituel. Le corps n'est pas particulier. C'est la tête qui est étrange. Le père a une tête de poisson !

La dame prend une photo et elle la montre aux deux jeunes.

Nadia pousse un cri. Quentin se lève pour observer la photo et il demande :

– Comment c'est possible ?

– Vous le savez, mon père n'est pas d'ici. Ma mère est du sud de la France. Mon père, lui, est d'un autre monde…

– D'un autre monde ? Vous voulez dire, d'une autre planète ? Un extraterrestre ? demande Nadia.

– Oui, exactement. Il y a des points de contact espace-temps sur la Terre. De temps en temps, un habitant d'une autre planète arrive ici. C'est le cas de mon père. Après son arrivée sur Terre, il rencontre ma mère dans une soirée. Ils dansent ensemble. Elle pense qu'il est déguisé. Il lui explique qu'il vient d'une planète où les gens sont comme ça. Il est très gentil, très intelligent. Ils sont amoureux. Ils habitent ensemble. Ils ont un enfant : c'est moi, Irène. Je ne ressemble pas à mon père ! Je suis une jolie petite fille. Mon père propose à ma mère de partir tous ensemble habiter sur sa planète. Ma mère ne veut pas partir avec lui. Son monde est trop différent. Elle préfère aussi que j'habite avec elle. Mon père n'insiste pas mais il a de plus en plus envie de rentrer chez lui. Le jour où il trouve un point de contact, il est bien sûr triste de nous quitter, mais il préfère partir.

de temps en temps : quelquefois. *En général, je bois du café. Mais de temps en temps, je bois du thé.*

ensemble : le contraire de « seul(e)s ». *Je vais au restaurant avec mes parents et nous mangeons ensemble.*

déguisé : qui a pris l'aspect d'un personnage ou d'un objet pour s'amuser. *À la fête de l'école, il était déguisé en magicien.*

Les deux collégiens ne peuvent pas cacher leur émotion. Nadia demande :

– Et depuis son départ, vous n'avez pas de nouvelles de votre père ?

– Non, pas de nouvelles.

Irène va à côté de sa harpe et commence à chanter. Les deux jeunes l'écoutent et pensent au père qui est sur la planète des hommes-poissons. Tout à coup, Quentin remarque la boîte où est posée la pierre multicolore. Une lumière spéciale sort de la pierre. Les deux jeunes vont à côté de la pierre et la lumière est de plus en plus forte.

Les deux jeunes vont à côté de la pierre et la lumière est de plus en plus forte.

1. Choisis la bonne réponse.

a. Nadia retrouve la pierre multicolore *sous son tapis –
dans la chambre de son frère – sous son oreiller.*

b. Quand la dame regarde la pierre, elle est *bleue – claire – foncée.*

c. La couleur de la pierre change avec *les sentiments de la personne
qui la porte – le moment de la journée – le temps qu'il fait.*

d. Sur la photo qu'Irène montre, son père a une tête *de femme –
d'iguane – de poisson.*

e. Maintenant, son père habite *dans le sud de la France –
sur une autre planète – dans la maison bleue.*

f. Quentin voit une lumière qui sort *de la pierre –
d'une pièce – de la photo.*

2. Trouve le nom du personnage correspondant à la phrase.

a. Les deux jeunes l'attendent pour entrer dans l'immeuble. ......

b. Il s'allonge aux pieds de sa maîtresse. ......

c. Il a un corps d'homme et une tête de poisson. ......

d. Elle préfère vivre sur la Terre avec sa fille. ......

e. Ils sont amoureux l'un de l'autre. ......

f. Heureusement, elle ne ressemble pas à son père. ......

g. Il voit une lumière qui sort de la pierre. ......

3. Relie ces phrases avec le mot manquant.

a. Au début, la mère d'Irène pense
que l'homme qu'elle voit est   •   • différent.

b. Elle le trouve gentil et   •   • déguisé.

c. Le père d'Irène vient d'un monde très   •   • intelligent.

Chapitre 5

Un nouveau type de communication

– C'est étrange ! dit Nadia. Nous parlons de votre père et une lumière sort de cette pierre. J'ai l'impression que votre père veut entrer en communication avec nous.

– Et nous, nous pouvons lui envoyer un message, propose Quentin. Quel est le nom de sa planète ?

– Je connais le nom dans la langue de mon père, mais je ne sais pas comment on l'appelle ici. Mais qu'est-ce que vous voulez faire, lui envoyer un e-mail ? Et elle rit.

Nadia a une idée :

– J'ai l'impression que si nous pensons très fort à lui, ça va l'aider à venir.

Irène regarde Klova et lui demande :

– Que penses-tu de cette idée ?

▌ envoyer : expédier. *J'écris une lettre et je l'envoie par la poste.*

– Les points de contact espace-temps sont un mystère. Tout est possible. Il y a peut-être une influence des ondes du cerveau sur ces points de contact. La pierre peut jouer un rôle de concentrateur d'énergie.

Nadia et Quentin sont surpris d'entendre Klova parler avec assurance de ces notions scientifiques. Irène leur explique :

– Klova n'est pas une simple employée de maison. Elle va aussi dans un institut où elle utilise des programmes d'ordinateur pour apprendre beaucoup de choses. Elle parle douze langues et elle est docteur en physique quantique. C'est pourquoi il est intéressant pour nous de connaître son opinion.

– Et nous pouvons aussi chercher dans les livres de votre père : il y a peut-être des explications pour entrer en contact avec lui, propose Nadia. Avec votre machine qui lit et traduit la langue de votre père en français, nous pouvons apprendre beaucoup de choses.

– C'est une excellente idée. Vous voyez, depuis votre arrivée ici, j'ai l'espoir de retrouver bientôt mon père.

---

une onde : vibration électromagnétique. *Ce programme de radio est diffusé sur les ondes courtes.*

le cerveau : il est dans la tête, c'est l'organe principal du système nerveux. *On n'utilise pas toutes les capacités de notre cerveau.*

un espoir : sentiment qui nous fait penser qu'un désir peut se réaliser. Même idée dans le verbe « espérer ». *Les parents ont encore l'espoir de retrouver leur fille disparue.*

bientôt : dans peu de temps. *C'est bientôt son anniversaire, il faut trouver un cadeau pour lui.*

Avec votre machine qui lit et traduit la langue de votre père en français, nous pouvons apprendre beaucoup de choses.

– Vous pensez qu'il va revenir ici ?

– Je ne pense pas, mais moi, je voudrais bien aller là-bas, le revoir, avoir une vie plus normale qu'ici. Depuis que je suis adulte, ma peau ne supporte pas les couleurs. Elles peuvent me faire du mal. La seule couleur qui ne peut pas me faire de mal, c'est le bleu. Vous comprenez pourquoi tout est bleu dans cette maison et pourquoi je porte un voile bleu quand vous êtes là. Si je ne protège pas la peau de mon visage et de mes bras, ce joli T-shirt rouge ou ce sac jaune peuvent me faire du mal.

– Vous pensez que votre père est encore en vie ?

– Oui, probablement. On vit vieux sur sa planète. Avec les livres de mon père, je me prépare à la vie sur cette planète.

– Et votre mère ?

– Elle est mariée, elle vit en Amérique du Sud. Elle n'est pas en bonne santé. Nous nous téléphonons de temps en temps. Elle a une nouvelle vie.

– Votre père, il sait que vous habitez ici ?

– Cette maison, c'est le choix de mes parents, avant le départ de mon père. C'est vrai que, chaque jour, quand je chante dans sa langue, je pense qu'il va peut-être m'entendre et me répondre…

Ils passent le reste de l'après-midi à lire les livres du père. Ils apprennent des choses sur sa planète. Ils peuvent maintenant imaginer la vie, la nature, les plantes sur cette

▦ **vivre vieux** : vivre longtemps, arriver à un âge avancé.

planète. Il n'y a pas beaucoup d'air, c'est pourquoi les habitants ont une tête de poisson, pour respirer dans l'eau quand c'est nécessaire. Les hippopotames adorent cet environnement, ils sont roses et très sympathiques. Nadia et Quentin apprennent aussi qu'il y a des serpents jaunes qui mesurent 30 mètres de long et qui sont très dangereux. Il y a très peu d'arbres, et ils sont réservés aux oiseaux.

Mais ils ne trouvent pas d'informations qui les aide à entrer en contact avec le père. Ils voient qu'Irène est fatiguée et ils décident de rentrer chez eux. Juste avant de partir, Quentin demande :

Ils passent le reste de l'après-midi à lire les livres du père.

– Irène, excusez-moi d'être indiscret, mais vous ne sortez pas. Alors comment faites-vous pour avoir de l'argent pour vivre ?

La question fait rire Irène mais elle accepte de répondre :

– C'est simple. De temps en temps, je vends les cadeaux laissés par mon père, en particulier les pierres précieuses. Et aussi, pour m'occuper, j'écris des histoires, des articles, que Klova fait publier par l'institut où elle va.

– Vous écrivez des histoires ? demande Nadia. Alors, vous devez écrire aussi votre histoire.

– Oui, confirme Quentin, c'est une bonne idée, je pense que vous pouvez avoir beaucoup de succès. J'imagine le titre : « Dans la maison bleue »…

Irène rit. Ils vont sur la terrasse. Elle les embrasse et les regarde partir. Elle est très contente.

embrasser : prendre dans ses bras, donner des baisers. *Les enfants embrassent leur maman avant d'aller dormir.*

1. Vrai ou faux ?

                                               V   F

a. Irène veut aller sur la planète de son père. ☐ ☐

b. Quentin propose d'entrer en communication
avec les esprits. ☐ ☐

c. Nadia et Quentin découvrent dans les livres
comment entrer en contact avec le père. ☐ ☐

d. Son père sait où habite Irène. ☐ ☐

2. Choisis la bonne réponse.

a. Nadia pense que la lumière qui sort de la pierre est un message
du père d'Irène – du père de Quentin – de la mère d'Irène.

b. Pour entrer en contact avec le père, Nadia propose de
crier – pleurer – penser très fort à lui.

c. On apprend que Klova va dans un institut pour *faire des études –
préparer le thé – faire de la culture physique.*

d. Tout est bleu dans la maison d'Irène parce que c'est la seule
couleur *qu'elle aime – qu'elle supporte – qui existe sur la planète
de son père.*

e. La mère d'Irène vit *dans le sud de la France – dans le nord de la
France – en Amérique du Sud.*

3. Relie ces phrases avec le mot manquant.

a. Pour communiquer avec le père d'Irène,
    Quentin propose d'envoyer un   ●   ● physique.

b. Pour Klova, les points de contact sont un ●   ● message.

c. Klova est docteur en   ●   ● mystère.

Tous les quatre, ils font un cercle autour de la photo.

Chapitre 6

Le grand moment

Les jours suivants, Nadia et Quentin vont chaque après-midi dans la maison bleue. Ils disent à leurs parents qu'ils vont à la bibliothèque. Klova leur prépare un thé. Ensuite, ils vont dans le jardin. C'est le début de l'été et c'est agréable d'être dehors. Ils posent la pierre multicolore sur la photo des parents d'Irène. Tous les quatre, ils font un cercle autour de la photo. Une lumière forte sort de la pierre. Irène leur apprend une chanson dans la langue de son père. Ils chantent et ils pensent très fort à l'homme-poisson. Rien ne se passe mais ils sont contents d'être ensemble et d'essayer.

Ensuite, ils parlent ensemble. Irène leur montre d'autres trésors de sa maison. Elle a de beaux tableaux. Elle ouvre un placard et elle montre les jolis chapeaux laissés par sa mère. « Génial ! » dit Nadia. Irène montre des lampes en bois qu'elle fabrique. Elle fait aussi des vases de différentes tailles. Et il y a la collection d'insectes de Klova, et en particulier des mouches de différentes couleurs.

La semaine suivante, ils recommencent le cercle et quelque chose se passe. Irène entend une voix intérieure qui lui dit, dans la langue de son père : « Prépare-toi à partir ! »

– Ça marche ! crie Nadia. Les ondes de notre cerveau activent le point de contact.

Le lendemain, Irène leur explique :

– Je sens que je vais partir aujourd'hui. Alors, je veux vous dire merci pour votre aide. Vous êtes merveilleux. Je vous donne les clés de la maison, elle est à vous maintenant.

Les deux jeunes sont surpris. Irène continue :

– Il y a encore des pierres multicolores, elles sont pour Klova. Elle va les vendre pour financer son institut.

Dans le salon, Klova apporte des gâteaux délicieux, des glaces, des fruits exotiques, des crèmes, des jus de fruits… Ils mangent ensemble pour la dernière fois. Ils s'embrassent et se disent au revoir.

– Après mon départ, dit Irène, continuez de faire le cercle. De là-bas, il est peut-être possible de vous parler.

Le grand moment arrive. Ils font le cercle. Cette fois, il y a une grosse boule de lumière qui sort de la pierre. À l'intérieur, ils peuvent voir le père d'Irène. Il est comme sur la photo, dans un costume élégant. Il regarde Irène

la voix : elle nous permet de parler, de chanter. *Cette chanteuse a une très jolie voix.*

un costume : vêtement pour homme composé d'un pantalon et d'une veste de la même couleur. *Le marié a un costume bleu.*

Irène entre dans la lumière.

et il lui fait un petit signe avec la main. Irène entre dans la lumière. Elle embrasse son père. Une petite forme à ses pieds entre aussi dans la boule. C'est Boubou, l'iguane. La lumière disparaît.

Nadia, Quentin et Klova sont heureux pour Irène, et aussi tristes parce qu'ils ne vont plus la voir. Ils restent un moment ensemble. Ils n'ont pas envie de parler. Ils réussissent à ne pas pleurer. Ensuite, les deux jeunes rentrent chez eux.

Quelques jours après, Nadia et Quentin arrivent devant la porte habituelle. Quentin fait le code. Nadia ouvre la deuxième porte avec la clé. Ils entrent dans la maison

disparaître : le contraire de « apparaître ». *Le soleil disparaît derrière un nuage.*

et vont sur la terrasse. Klova n'est pas là. Elle travaille pour son institut, maintenant. Nadia prend la machine à lire. Elle l'aime beaucoup. Elle pose un livre écrit dans la langue du père d'Irène, et il est traduit automatiquement en français. C'est une poésie qui raconte une histoire d'amour sur la planète d'Irène.

– C'est magnifique, dit Nadia. Je me demande comment est la vie d'Irène, maintenant.

– Oui, j'aimerais savoir si elle est contente d'être partie.

– Au fait, ton secret, c'est quoi ?

– De quoi tu parles ?

– Tu te rappelles ? En échange de mon secret, tu dois me raconter un secret, toi aussi.

– Ah oui, bien sûr ! Alors, voilà mon secret…

Il vient tout près de la jeune fille et il lui donne un baiser sur les lèvres.

Elle rit et ils s'embrassent.

– On a vraiment de la chance ! dit-elle.

– Oui, on va venir avec nos amis.

– Et on va écrire l'histoire de la maison.

– Oui, c'est notre petit cadeau pour Irène…

les lèvres (mot féminin) : la bouche a deux lèvres. *Nathalie a du rouge à lèvres.*

Ils regardent la nuit tomber sur le jardin. Il y a beaucoup d'étoiles dans le ciel. Ils remarquent une étoile qui a une lumière un peu bleue. Au même moment, Nadia remarque quelque chose sur la terrasse : ce sont deux pierres précieuses, deux petits cadeaux laissés par Irène. Des pierres qui restent bleu clair pour les gens au cœur pur.

FIN

Ils remarquent une étoile qui a une lumière un peu bleue.

COMPRENDRE

1. Complète les phrases avec les mots suivants :
dernière, bibliothèque, disparaît, apparaît, trésors, cercle.

a. Nadia et Quentin disent à leurs parents qu'ils vont à la .... mais ils vont chez Irène.

b. Irène montre d'autres .... aux collégiens.

c. Irène et les collégiens mangent ensemble pour la .... fois.

d. Les quatre personnes font un .... autour de la photo.

e. Le père d'Irène .... dans la boule de lumière.
Irène et Boubou entrent dans la boule.

f. La boule de lumière ....

2. Vrai ou faux ? V F

a. L'histoire se passe en été. ☐ ☐

b. Irène donne toutes les pierres précieuses aux deux collégiens. ☐ ☐

c. Nadia et Quentin pleurent après le départ d'Irène. ☐ ☐

d. Nadia écoute une chanson dans la langue du père d'Irène. ☐ ☐

e. Maintenant, la maison bleue est à Nadia et Quentin. ☐ ☐

3. Relie ces phrases avec le mot manquant.

a. Quand ils sont seuls dans la maison, les deux jeunes écoutent ● ● une étoile.

b. Pour dire son secret, Quentin fait ● ● un cadeau.

c. Les deux jeunes pensent à Irène et décident de lui faire ● ● deux pierres.

d. Dans le ciel, ils remarquent la couleur d' ● ● un baiser.

e. Sur la terrasse, Irène a laissé ● ● une poésie.

1. Imaginer...

Par petits groupes, choisissez une des situations et discutez ensemble. Écrivez un résumé de votre discussion.

- La vie d'Irène sur la planète de son père.
- Nadia et Quentin, dix ans plus tard.
- Une journaliste interviewe la mère d'Irène.
- La maison bleue devient un musée.

2. Parler...

Penses-tu que les extraterrestres existent ? Ils ont quel aspect ? Quels sont les films ou les romans qui parlent d'extraterrestres ?

3. Réfléchir...

Quel message peut-on tirer de cette histoire ?

4. Partager une opinion...

Pour chaque personnage, quels sont les aspects que tu aimes et les aspects que tu n'aimes pas ?

page 3

b. un écolier ; e. un écolier ; c. un collégien ; a. un lycéen ; d. un étudiant

page 11 :

1. a. Quentin ; b. Nadia ; c. la dame rousse ; d. Quentin ; e. Nadia ; f. la dame rousse

2. a. un secret ; b. une maison cachée ; c. ils entrent derrière une dame

3. c-e-f-a-b-d-i-h-g

page 18

1. a. la dame ; b. Klova ; c. Boubou ; d. la dame du salon ; e. Boubou ; f. Nadia ; g. Quentin

2. a. chante ; b. préparer le thé ; c. des meubles anciens ; d. sur la terrasse ; e. tombe dans l'escalier

page 25

1. d-h-a-g-e-c-b-i-f

2. a. faux ; b. vrai ; c. faux ; d. faux

3. a. enfants – sort ; b. vient – loin ; c. cadeaux

page 32

1. a. dans la chambre de son frère ; b. claire ; c. les sentiments de la personne qui la porte ; d. de poisson ; e. sur une autre planète ; f. de la pierre

2. a. Klova ; b. Boubou ; c. le père d'Irène ; d. la mère d'Irène ; e. les parents d'Irène ; f. Irène ; g. Quentin

3. a. déguisé ; b. intelligent ; c. différent

page 39

1. a. vrai ; b. faux ; c. faux ; d. vrai

2. a. du père d'Irène ; b. penser très fort à lui ; c. faire des études ; d. qu'elle supporte ; e. en Amérique du Sud

3. a. message ; b. mystère ; c. physique

page 46

1. a. bibliothèque ; b. trésors ; c. dernière ; d. cercle ; e. apparaît ; f. disparaît

2. a. vrai ; b. faux ; c. faux ; d. faux ; e. vrai

3. a. une poésie ; b. un baiser ; c. un cadeau ; d. une étoile ; e. deux pierres

CORRIGÉS